Angelika Kipp

Farbenfroher Herbst

Fensterbilder aus Windowcolor & Tonkarton

frechverlag

Zeichnungen: Berthold Kipp

Fotos: frechverlag GmbH + Co. Druck KG, 70499 Stuttgart;
Fotostudio Ullrich & Co., Renningen

Dieses Buch enthält:
2 Vorlagenbogen

Auflage: 5. 4. 3. 2. 1. | Letzte Zahlen
Jahr: 2005 2004 2003 2002 2001 | maßgebend

ISBN 3-7724-2797-9 · Best.-Nr. 2797
Druck: frechverlag GmbH + Co. Druck KG, 70499 Stuttgart

Liebe Tonkarton- und Windowcolor-Fans!

Nun hält der Herbst Einzug bei uns und färbt mit seinen typischen Farben die Landschaft wieder bunt. Gelbe und orangefarbene Blätter wirbeln durch den Wald und in dieser Zeit trifft man besonders auf Hexen, Gespenster und Fledermäuse. Hexe Gundula hat von ihrem Kürbisballon aus einen tollen Ausblick über die Herbstlandschaft und schaut dem Igel bei seinem Laubspaziergang zu.

Die farbenfrohen Motive in diesem Buch sind aus Tonkarton oder Windowcolor gearbeitet, damit Sie Ihr Herbstbasteln noch abwechslungsreicher gestalten können.Außerdem können Sie einzelne Halloween-Motive wie Gespenster, Spinnen oder Kürbisse ganz nach Ihrem Geschmack zu neuen Bildern zusammensetzen. Daraus entstehen Ihre eigenen Fensterdekorationen, um die Sie jeder beneidet.

Der Herbst ist auch die Zeit der Ernte. Mensch und Tier sammeln Vorräte für die kalte Jahreszeit. Das hungrige Mäuschen verspeist einen herrlich roten Apfel und eines seiner Freunde trägt die prachtvolle Sonnenblume mit nach Hause. Das Eichhörnchen und der Rabe fühlen sich zwischen Pilzen und Blättern so richtig wohl. Alle diese Motive und noch viel mehr finden Sie im „Farbenfrohen Herbst"!

Viel Spaß beim herbstlichen Basteln wünscht

Angelika Kipp

Material

- *Tonkarton in verschiedenen Farben*
- *Transparentpapier*
- *Dünne Pappe*
- *Filzstifte*
- *Bleistift in HB und 2H*
- *Radiergummi*
- *Kreisschablone*
- *Schneidemesser (Cutter)*
- *Schneideunterlage*
- *Schere*
- *Klebstoff, z. B. UHU Alleskleber*
- *Klebeband*
- *Faden*
- *Nähnadel*
- *Locher*
- *Windowcolor in verschiedenen Farben*
- *Konturenfarbe in Schwarz*
- *Adhäsionsfolie in A3 (35 cm x 50 cm) und A2 (50 cm x 70 cm)*
- *Prospekthüllen oder Malfolie in A3 (35 cm x 50 cm) und A2 (50 cm x 70 cm)*
- *Metallspitzen, ø 0,7 mm und 0,9 mm*

Windowcolor-Bilder: Schritt für Schritt erklärt

1 Übertragen Sie die Vorlage mit Blei- oder Filzstift auf Transparentpapier oder fotokopieren Sie das Motiv vom Vorlagenbogen. Sie können diese Vorlage unter eine Windowcolor-Malfolie oder in eine passende Klarsichthülle legen, damit das Motiv nicht verrutscht. Wenn Sie Ihr Windowcolor-Bild aber größer und noch stabiler machen wollen, verwenden Sie am besten Adhäsionsfolie (A3 oder A2). Die Folie verbindet sich mit der Windowcolor-Farbe und verstärkt somit das Motiv. Legen Sie die Vorlage zwischen die Folie und das Trägerpapier.

2 Tragen Sie die Konturenfarbe direkt aus der Flasche auf die Folie auf und fahren Sie dabei die Konturenlinien nach. Wenn Sie feinere Konturen wünschen, stecken Sie eine Metallspitze, die es in verschiedenen Stärken gibt, auf die Flasche. Unter leichtem Druck fließt die Farbe aus der Flasche.

3 Ist die Kontur getrocknet, tragen Sie die Windowcolor-Farben für die Innenflächen auf. Achten Sie darauf, dass die zu bemalende Fläche gut bedeckt ist und die Farbe bis an die Kontur reicht. Lassen Sie das Motiv ca. 24 Stunden trocknen, bevor Sie es von der Folie lösen. Wenn Sie Adhäsionsfolie verwendet haben, schneiden Sie das Motiv erst nach der angegebenen Trocknungszeit aus.

2

3

Tipps für Windowcolor:

- Die Windowcolor-Bilder sollten nur bei Zimmertemperatur von der Folie und der Scheibe gelöst werden, da sie bei Kälte oder Frost zerbrechen. Gegebenenfalls erwärmen Sie das Motiv mit einem Föhn.

- Sind die Temperaturen durch starken Sonneneinfall am Fenster zu hoch, lässt sich die Folie ebenfalls schwer ablösen, da sie zu weich geworden ist. Bitte warten Sie dann, bis das Fenster wieder abgekühlt ist.

- Die Fensterscheiben sollten völlig trocken sein, da das Fensterbild bei Feuchtigkeit nicht an der Scheibe haftet. Wenn also Ihre Scheiben (z.B. bei Altbauten) „schwitzen", kann es passieren, dass sich das Windowcolor-Bild vom Fenster löst.

- Windowcolor-Bilder lassen sich am besten zwischen zwei Folien, z.B. Prospekthüllen, aufbewahren. Die einzelnen Bilder sollten sich nicht berühren, da sie sonst miteinander verkleben können.

- Legen Sie die Flasche kurz auf den warmen Heizkörper. Die Farbe wird dadurch flüssiger und lässt sich leichter aus der Flasche herausdrücken.

Tipps für Tonkartonbilder:

- Alle Anleitungen und Materiallisten beziehen sich auf einseitig gearbeitete Fensterbilder. Wenn Sie jedoch ein frei hängendes Fensterbild daraus machen wollen, sollten Sie Ihr Motiv sowohl von der Vorder- als auch von der Rückseite arbeiten. Sie benötigen dann die meisten Teile doppelt. Die Teile werden auf der Rückseite spiegelbildlich, aber in der gleichen Reihenfolge wie auf der Vorderseite angeordnet.

- Sie können das Fensterbild am Faden aufhängen oder mit Klebeband befestigen. Balancieren Sie das Motiv zwischen Daumen und Zeigefinger aus, bis Sie die richtige Position gefunden haben. Mit einer Nadel wird dann einige Millimeter vom Rand entfernt in den Tonkarton gestochen und der Faden durchgezogen. Größere Motive sollten Sie mit zwei Fäden aufhängen.

Tonkartonbilder: Schritt für Schritt erklärt

1 Legen Sie Transparentpapier auf Ihr ausgewähltes Motiv auf dem Vorlagenbogen. Übertragen Sie mit einem Stift alle benötigten Einzelteile ohne Überschneidungen.

2 Nun wird das Transparentpapier auf eine dünne Pappe geklebt und die Einzelteile werden ausgeschnitten. Fertig sind Ihre Schablonen! Mithilfe dieser Schablonen fertigen Sie die benötigten Tonkartonteile an, indem Sie sie einfach auf den Tonkarton der gewünschten Farbe legen, mit Bleistift umranden und dann die einzelnen Teile sorgfältig ausschneiden.

3 Nun werden die Gesichter und alle schwarz markierten Stellen sowie Innenlinien aufgezeichnet.

Tipp:

- Pausen Sie mithilfe von Transparentpapier die Innenlinien vom Vorlagenbogen ab. Legen Sie dieses dann genau auf die ausgeschnittene Form und fahren Sie die Linien mit einem spitzen, harten Bleistift (2H) kräftig nach. Dadurch werden die Linien in den Karton gedrückt und können leicht mit dem Filzstift nachgemalt werden.

Fügen Sie zum Schluss die Einzelteile zu dem gewünschten Motiv zusammen. Orientieren Sie sich dabei am Foto und an der Vorlage.

Motivhöhe:
ca. 29 cm

Material:

- *Tonkarton in A4:* schwarz, gelb und orange
- *Tonkartonreste:* weiß, grün
- *Filzstift in Schwarz*

Vorlagen-bogen 1A

Freche Freunde

Da staunt der Rabe nicht schlecht, denn so einen frechen Kürbis hat er noch nie gesehen.
Zuerst schablonieren Sie alle benötigten Teile vom Vorlagenbogen gemäß der Anleitung auf Seite 6 auf den entsprechenden Tonkarton. Beginnen Sie mit dem Kürbis, indem Sie die gepunkteten Linien mit dem schwarzen Filzstift auf den orangefarbenen Tonkarton malen. Die Zähne des Kürbisses werden schwarz angemalt. Kleben Sie den gelben Karton von hinten und die schwarzen Augen sowie den grünen Stiel von vorne auf. Der Rabe erhält nun sein Auge und den Schnabel. Die Krallen werden von der Rückseite fixiert. Bemalen Sie noch Schnabel und Krallen mit dem Filzstift und platzieren Sie den fertigen Raben auf dem Kürbis.

Kunterbuntes Halloween

Dieses Windowcolor-Motiv besteht aus vielen kleinen Einzelbildern, die Sie natürlich auch nach eigener Fantasie zusammenstellen können.
Bitte beachten Sie die Anleitung für Windowcolor auf Seite 4/5.

Motivhöhe:
ca. 38 cm

Material:

- *Konturenfarbe in Schwarz*
- *Windowcolor* in Schwarz, Weiß, Blau, Rot, Gelb, Grün, Orange und Violett
- *Malfolie in A2*

Vorlagenbogen 2A Farbe

Echte Flugkünstler

Wenn die Dämmerung anbricht und der Mond am Himmel steht, dann flattern kleine Fledermäuse zielsicher durch die Lüfte.
Zuerst schablonieren Sie alle benötigten Teile vom Vorlagenbogen gemäß der Anleitung auf Seite 6 auf den entsprechenden Tonkarton.
Zeichnen Sie die Gesichter und alle gepunkteten Linien (siehe Vorlage) mit dem schwarzen Filzstift auf.
Die Flugkünstler tragen modische Latzhosen.
Die Flügel werden von hinten, das Kopfteil wird von vorne fixiert.
Vom Baum fallen einige Blätter aus Regenbogen-Fotokarton.

Motivhöhen:

Fledermaus: ca. 15 cm

Baum: ca. 31 cm

Material:

- *Tonkarton in A4:* rot, gelb, hellbraun, dunkel- und hellgrau
- *Tonkarton in A3:* dunkelbraun
- *Regenbogen-Fotokarton in A4*
- *Filzstift in Schwarz*

Vorlagenbogen 1A

So ein Mäuseleben!

Satt und zufrieden, so fühlt sich die Maus nach dieser leckeren Mahlzeit.
Zuerst schablonieren Sie alle benötigten Teile vom Vorlagenbogen gemäß der Anleitung auf Seite 6 auf den entsprechenden Tonkarton. Zeichnen Sie das Gesicht, die Apfelkerne und alle gepunkteten Linien (siehe Vorlage) auf. Die beiden äußeren Äpfel bestehen aus vier Teilen, die Sie zuerst zusammensetzen und anschließend in den Rahmen kleben. Der abgenagte Apfel in der Mitte wird aus fünf Teilen zusammengefügt und ebenfalls am Rahmen befestigt. Die Maus erhält ihr inneres Ohrteil und das gelb-rot gestreifte Hemdchen. Setzen Sie das satte Mäuschen auf den Rahmen, denn dort fühlt es sich sichtlich wohl.

Motivhöhe:
ca. 23 cm

Material:

- *Tonkarton in A4:* rot, hellgrau
- *Tonkarton in A3:* hellbraun
- *Tonkartonreste:* schwarz, gelb, grün, dunkelbraun und dunkelgrau
- *Fotokarton in A4:* gelb-rot gestreift
- *Filzstift in Schwarz*

Vorlagenbogen 1A

Auf in die Vollmond-nacht!

Wenn der Mond am Himmel steht, dann werden die Fledermäuse munter.
Nur diese beiden Langschläfer müssen noch geweckt werden.
Bitte beachten Sie die Anleitung für Windowcolor auf Seite 4/5.

Motivhöhe:
ca. 25 cm

Material:
- *Konturenfarbe in Schwarz*
- *Windowcolor* in Weiß, Blau, Orange, Gelb, Magenta und Grau
- *Malfolie in A3*

Vorlagenbogen 1B

Motivhöhe:
ca. 18 cm

Material:

- *Konturenfarbe in Schwarz*
- *Windowcolor* in Schwarz, Weiß, Blau, Rot, Gelb, Hellgrün und Orange
- *Malfolie in A3*

Vorlagenbogen 1A

Windowcolor-Herbst

Dunkelheit, Spinnweben und umherwirbelnde Blätter gehören zur Herbstzeit unbedingt dazu. Der Rabe hat es sich auf dem Schriftzug bequem gemacht.
Bitte beachten Sie die Anleitung für Windowcolor auf Seite 4/5.

Endlich wieder Herbst!

Zur Herbstzeit sprießen die Pilze aus dem Boden. Für einen kleinen Igel ist das ein Festtagsschmaus. Zuerst schablonieren Sie alle benötigten Teile vom Vorlagenbogen gemäß der Anleitung auf Seite 6 auf den entsprechenden Tonkarton. Zeichnen Sie das Gesicht des Igels und alle gepunkteten Linien (siehe Vorlage) auf. Fügen Sie die Pilze zusammen und platzieren Sie diese auf dem Schild.

Beschriften Sie den blauen Bogen mit Buchstaben aus Regenbogen-Fotokarton. Die umherwirbelnden Blätter sind aus dem gleichen Material. Ein kleiner zweiteiliger Igel macht es sich zwischen Blättern und Pilzen gemütlich.

Motivhöhe:
ca. 17 cm

Material:

- *Tonkarton in A3:* blau
- *Tonkartonreste:* weiß, rot, creme, dunkel- und hellbraun
- *Regenbogen-Fotokarton in A4*
- *Filzstift in Schwarz*

Vorlagenbogen 1B

Verhexte Ballonfahrt

Vom Kürbisballon aus hat Hexe Gundula eine herrliche Aussicht über die herbstliche Landschaft.
Bitte beachten Sie die Anleitung für Windowcolor auf Seite 4/5.
Verbinden Sie die Leerstellen zwischen Korb und Ballon mit der Windowcolor-Farbe Kristallklar, damit das Motiv stabil bleibt.

Motivhöhe:
ca. 42 cm

Material:

- *Konturenfarbe in Schwarz*
- *Windowcolor* in Schwarz, Weiß, Violett, Rot, Gelb, Grün, Hellgrün, Orange, Magenta, Hautfarbe, Grau und Kristallklar
- *Malfolie in A3*

Vorlagenbogen 1B

Kleine Vogelscheuche

(Anleitung Seite 20)

Kleine Vogelscheuche

(Abbildung Seite 19)

Die nette Vogelscheuche aus Windowcolor spielt mit dem kleinen Gespenst, der Fledermaus und der Katze Verstecken.
Bitte beachten Sie die Anleitung für Windowcolor auf Seite 4/5 und orientieren Sie sich bei der Farbgebung am Foto.

Motivhöhe:
ca. 38 cm

Material:

- *Konturenfarbe in Schwarz*
- *Windowcolor* in Schwarz, Weiß, Dunkelblau, Hellblau, Rot, Gelb, Hellgrün, Dunkel- und Hellbraun, Grau, Violett und Hautfarbe
- *Malfolie in A3*

Vorlagenbogen 1B

Farbenfroher Herbst

Sie können das Gesamtbild aus mehreren Herbstmotiven auch als Einzelstücke an Ihrem Fenster präsentieren.
Lassen Sie Ihrer Fantasie freien Lauf und variieren Sie die Motive nach Ihrem Geschmack.
Bitte beachten Sie die Anleitung für Windowcolor auf Seite 4/5.

Motivhöhe:
ca. 43 cm

Material:

- *Konturenfarbe in Schwarz*
- *Windowcolor* in Schwarz, Weiß, Blau, Rot, Gelb, Grün, Hellgrün, Orange, Violett, Hell- und Dunkelbraun
- *Malfolie in A2*

Vorlagenbogen 2B Farbe

Erntezeit

Im Herbst ist die Zeit der Ernte gekommen. Zaubern Sie passend dazu ein prächtiges Erntebild mit Sonnenblume und Ähren an Ihr Fenster.
Zuerst schablonieren Sie alle benötigten Teile vom Vorlagenbogen gemäß der Anleitung auf Seite 6 auf den entsprechenden Tonkarton. Dann zeichnen Sie alle gepunkteten Linien (siehe Vorlage) mit dem Filzstift auf. Kleben Sie die Einzelteile zusammen und fixieren Sie die große dreiteilige Sonnenblume sowie das Korn am Rahmen.

Motivhöhe:
ca. 33 cm

Material:

- *Tonkarton in A4:* gelb, grün, hellgrün und braun
- *Tonkarton in A2:* dunkelblau
- *Filzstift in Schwarz*

Vorlagenbogen 2A

Igel im Herbstwald

Der Igel stöbert im Laub nach Pilzen. Sie sind seine Lieblingsspeise, doch Vorsicht: Die Fliegenpilze sind giftig! Bitte beachten Sie die Anleitung für Windowcolor auf Seite 4/5.
Raffinierte Herbstlaubeffekte erzielen Sie, wenn Sie beim Buchenblatt die Farben Grün und Orange, beim Eichenblatt Braun und Rot miteinander vermischen.

Motivhöhe:
ca. 17 cm

Material:

- *Konturenfarbe in Schwarz*
- *Windowcolor* in Schwarz, Weiß, Rot, Hellgrün, Orange, Hell- und Dunkelbraun
- *Malfolie* in A3

Vorlagenbogen 2B

Pilze auf Achse

Immer nur im Wald zu stehen und die Spaziergänger zu beobachten, das ist den reiselustigen Pilzen zu langweilig. Deshalb gehen sie zusammen auf Wanderschaft.
Bitte beachten Sie die Anleitung für Windowcolor auf Seite 4/5.
Verbinden Sie die Leerstelle zwischen den beiden wandernden Pilzen mit der Windowcolor-Farbe Kristallklar, damit das Motiv stabil bleibt.

Motivhöhe:
ca. 23 cm

Material:

- *Konturenfarbe in Schwarz*
- *Windowcolor* in Weiß, Rot, Gelb, Grün, Orange, Dunkel- und Hellbraun, Kristallklar
- *Malfolie in A3*

Vorlagenbogen 2A

Motivhöhe:
ca. 33,5 cm

Material:

- *Tonkarton in A4:* weiß, rot, gelb, grün und orange
- *Tonkartonreste:* blau
- *Filzstift in Schwarz und Rot*
- *Plastikspinnen*

Vorlagenbogen 2B

Kürbisgeist

Um Mitternacht erscheinen die Gespenster. Eines hat sich allerdings im Kürbisfeld verlaufen. Zuerst schablonieren Sie alle benötigten Teile vom Vorlagenbogen gemäß der Anleitung auf Seite 6 auf den entsprechenden Tonkarton. Zeichnen Sie die Gesichter der beiden Freunde und alle gepunkteten Linien (siehe Vorlage) mit den Filzstiften auf.

Die Zähne des Kürbisses sind schwarz gefärbt.
Fixieren Sie den gelben Karton von hinten am Kürbis, das zweiteilige Grün wird von vorne aufgeklebt.
Das Gespenst trägt zum gelben Hemd eine rote Latzhose mit blauen Trägern und gelben Knöpfen.
Die Plastikspinnen werden zum Schluss auf die Latzhose geklebt.

Motivhöhe:
ca. 30,5 cm

Material:

- *Tonkarton in A4:* rot, gelb, creme, orange, hell- und dunkelbraun
- *Tonkarton in A2:* grau
- *Regenbogen-Fotokarton in A4*
- *Filzstift in Schwarz*

Vorlagenbogen 2A

Wer wacht um Mitternacht?

Dieser Vogel hat in der dunklen Nacht alles im Blickfeld und ist kein bisschen müde.

Zuerst schablonieren Sie alle benötigten Teile vom Vorlagenbogen gemäß der Anleitung auf Seite 6 auf den entsprechenden Tonkarton. Zeichnen Sie beim Motiv alle schwarz markierten Stellen sowie die gepunkteten Linien (siehe Vorlage) auf. Die Eule erhält ihr helles Gesicht mit den zweiteiligen Augen und dem Schnabel. Das Ohrenteil, die Krallen und das gemusterte Gefieder am Bauch werden von vorne ergänzt. Setzen Sie den Vogel auf den Rahmen.

Jetzt wird der Schwanz von hinten fixiert. Fügen Sie die Kerzenteile zusammen und platzieren Sie diese im Rahmen. Einige Herbstblätter aus Regenbogen-Fotokarton wirbeln durch die Luft.

Mäuschen mit Sonnenblume

Stolz trägt das Mäuschen die große Sonnenblume mit nach Hause.
Zuerst schablonieren Sie alle benötigten Teile vom Vorlagenbogen gemäß der Anleitung auf Seite 6 auf den entsprechenden Tonkarton.
Zeichnen Sie das Gesicht, die Nase und alle gepunkteten Linien (siehe Vorlage) auf.
Das Mäuschen trägt eine rote Hose.
Nachdem es sein dunkelgraues, inneres Ohrteil erhalten hat, platzieren Sie die dreiteilige Blume am Körper.
Der schwarz umrandete linke Arm wird anschließend ergänzt.
Auf der grünen Wiese liegen einige Herbstblätter.

Motivhöhe:
ca. 35,5 cm

Material:

- *Konturenfarbe in Schwarz*
- *Windowcolor* in Schwarz, Weiß, Rot, Gelb, Grün, Orange, Violett, Türkis, Grau, Goldglitter, Silberglitter und Kristallklar
- *Malfolie in A3*

Vorlagenbogen 2B

Gruselige Geisterstunde

(Abbildung Seite 32)

Selbst hier zeigt das kleine Gespenst keine Angst, obwohl man sich vor dem Teufelchen fast fürchten könnte. Bitte beachten Sie die Anleitung für Windowcolor auf Seite 4/5. Verbinden Sie die Leerstellen zwischen dem Kopf des Teufelchens und seinem Dreizack sowie den Bereich um den goldfarbenen Kerzenschein mit der Windowcolor-Farbe Kristallklar, damit das Motiv stabil bleibt.

Motivhöhe:
ca. 20,5 cm

Material:

- *Tonkarton in A4:* rot, gelb, grün, hellgrün, orange, braun und hellgrau
- *Tonkartonreste:* dunkelgrau
- *Filzstift in Schwarz*

Vorlagenbogen 2B

Gruselige Geisterstunde

(Anleitung Seite 31)